Mer Baltiqu
Rostock
chwerin
Stettin
Oder
Neuruppin
Elbe
Berlin
Magdebourg
Francfort
Prague
Cottbus

Till Eulenspiegel

ISBN : 2-7320-3270-0
IMPRIME EN ALLEMAGNE

Till Eulenspiegel

La vie de l'illustre fou, jongleur de mots et fin connaisseur de la condition humaine

Nouvellement racontée
par Karlhans Frank

dessinée et peinte par
Renate Seelig

et
traduite de l'allemand
par François Mathieu

Editions du Sorbier
51, rue Barrault
75013 Paris

Sommaire

- Tu es un vrai petit Till Eulenspiegel.
- Till l'espiègle ?
- Non, Till Eulenspiegel, le vrai !
- C'était qui ton Till ... Oeil de quoi ? Oeil de chat ? Oeil de pie ?
- Till Eulenspiegel ! Le fou, le saltimbanque, le jongleur de mots, le redresseur de torts, qui avait choisi pour emblème la chouette, animal sage, et un miroir, qu'il tendait aux gens pour qu'ils s'y regardent.
- Il a vraiment vécu, ton Till Oeil de chouette ?
- Till Eulenspiegel! On pense aujourd'hui que oui et qu'il aurait vécu au XIVe siècle. Il était allemand, mais il a beaucoup voyagé à travers l'Europe.
- S'il est si vieux que ça, ton Till voyageur, comment le connaît-on ?
- On le connaît parce qu'au début du XVIe siècle, un secrétaire des douanes de Brunswick en Basse-Saxe, Hermann Bote a écrit en quatre-vingt-seize histoires ses aventures réelles ou supposées.
- Dis-moi, j'ai vu une fois au cinéma un Till l'espiègle. C'était le même ?
- Non, cet autre Till a été imaginé au siècle dernier par un écrivain flamand, Charles de Coster. Till Ulenspiegel vit en Flandre et lutte contre l'occupant espagnol. C'est une tout autre histoire.
- Alors si c'est une tout autre histoires, raconte-m'en quelques-unes des vraies histoires de ton vrai Till...
- ... Eulenspiegel.

François Mathieu

1 Till Eulenspiegel est né il y a plus de six cents ans.
Ses parents étaient de simples paysans. Ce qui ne les empêcha pas quand il vint au monde de faire la fête.
A l'église, la marraine tenait l'enfantelet au-dessus des fonts baptismaux.
Le curé versa l'eau froide sur la tête de Till. Le bébé ne trouva pas ça drôle. Il ouvrit la bouche, non pas pour crier comme le font les autres enfants.
Non ! Il garda l'eau dans sa bouche et la recracha sur la collerette de monsieur le curé. A la grande joie de l'assemblée.
Après l'église, on se rendit à l'auberge. La marraine posa Till sur un banc et but avec les autres force bière et force vin.
Quelques heures plus tard, on rentrait à la maison en chantant, quand soudain le père demanda :
- Où est Till, mon fils, mon nouveau-né ?
On constata qu'on l'avait oublié à l'auberge.
La marraine fit bien vite demi-tour, mais elle n'avait pas parcouru la moitié du chemin qu'elle entendit un cri si aigu qu'elle crut que c'était un petit diable tout droit sorti de l'enfer.
Ce petit diable, c'était Till.

Tout essoufflé, l'aubergiste, qui tenait le bébé vagissant dans les bras, le lui tendit en hurlant :
- Prends-le, ton petit diable ! Vous n'étiez pas partis qu'il s'est mis à pleurer si fort qu'il a fait éclater tous mes verres. Y compris ceux qui étaient remplis de bière. Mes clients ont refusé de payer. Et toutes mes vitres ont été brisées...
- Mets tout ça sur le compte du bébé, cria la marraine qui, l'enfant sous le bras, prit le chemin de la maison.
En cours de route, il lui fallut traverser un pont de bois, à la fois étroit et glissant.
Elle avait tant bu qu'elle n'était point assurée sur ses jambes.
Et ne la voilà-t-il pas qui glisse et qui tombe dans le ruisseau avec Till dans les bras !
Le bébé en oublia de crier : il avait de la boue plein la bouche. La marraine remonta péniblement sur la rive et rapporta à la maison un Till dégoulinant d'eau et de vase et qui étouffait à moitié. Sa maman le lava dans une bassine d'eau chaude posée sur le fourneau.

Till fut ainsi baptisé trois fois : à l'église, dans le ruisseau et sur la cuisinière.

2 Till grandit. Tout le monde l'aimait, car non seulement il avait su monter de bonne heure sur un cheval, ce que jadis tout jeune garçon savait faire, mais il était aussi fort souple : il était capable, par exemple, quand il trouvait qu'il y avait trop de bruit, de se boucher les oreilles avec ses deux gros orteils. En outre il était mignon et rusé. Souvent les adultes étaient tout étonnés d'entendre les répliques intelligentes que lançait ce petit gars. Mais quand il eut quelques années de plus, on se prit à moins l'aimer. En effet il ne se contentait pas de faire le pitre, ce qui faisait rire tout le monde, mais il singeait aussi les autres, qui se voyaient ainsi sans le vouloir dans le miroir que Till leur tendait. Il grandit en malice et en intelligence. Or, bien des gens prennent peur quand ils rencontrent plus intelligent qu'eux. C'est pourquoi les habitants de son village disaient : "Till est un vaurien !"

- Mais que fais-tu pour que les gens râlent comme ça après toi ? lui demanda son père.
- Rien, répondit Till.
- Ce n'est pas possible.
- Je peux t'en apporter la preuve, affirma Till. Va te promener à cheval dans les rues du village. Je monterai en croupe derrière toi. Et bien que jamais je n'ouvrirai le bec, les gens grogneront et rouscailleront !
Le père prit son enfant avec lui et se mit en route. A peine avaient-ils dépassé quelqu'un que Till s'empressait de lever le derrière, remontait légèrement sa blouse et montrait ses fesses dénudées aux badauds - car le gamin ne portait pas de culottes .
Les gens se mettaient alors à crier : "C'est une honte ! Espèce de petit chenapan !"
- Je ne comprends pas pourquoi les gens crient comme ça, se demanda son père.
- Maintenant je vais m'asseoir devant toi. On verra bien ce qui se passera.
Le père mit son enfant à califourchon devant lui. Très calme, Till ne disait rien, ne bougeait pas, mais faisait des grimaces à tous ceux qu'ils croisaient. Et il savait en faire des grimaces ! Il était capable de remuer les oreilles et le nez, de loucher dans toutes les directions, de toucher son menton ou son front avec sa langue.
Les gens le regardaient bêtement, s'indignaient et glapissaient : "Oh! le petit vaurien !"
Son père en fut tout étonné et dit en secouant la tête :
- Mon fils est tout calme, tout gentil, il ne bronche pas. C'est tout juste s'il respire. Et malgré cela, les gens rouspètent après lui. Ah! Till, mon pauvre petit coeur! Tu n'es vraiment pas né sous une bonne étoile !
- Ni sous une mauvaise non plus ! répliqua Till.

3 L'étoile sous laquelle Till était né, n'était effectivement ni bonne ni mauvaise. Il arriva cependant qu'elle se ternit. D'abord les parents de Till allèrent s'installer dans un autre village, puis son père mourut.
La mère et son fils devinrent pauvres comme cigales en hiver. Or Till avait déjà plus de seize ans, et il fallait qu'il apprenne un métier. Mais il n'en avait aucune envie.
- Mon garçon, disait sa mère, fais-toi cordonnier.

- Pour que toute ma vie je n'aie sous le nez que des pieds qui sentent mauvais et ne voie jamais la tête des gens ?
- Mon garçon, disait sa mère, fais-toi boulanger.
- Pour que je passe mon temps dans le fournil et ignore tout ce qui arrive sur terre ?
- Mon garçon, disait sa mère, fais-toi meunier ou menuisier, ou tailleur, ou forgeron, ou paysan...
- Pour que je sois lié à la roue d'un moulin ou à un rabot, à une aiguille, à une forge ou à un lopin de terre ? Mère, je veux être aussi libre que le sont les oiseaux !
- Le chat dévore les oiseaux en liberté !
- Avant qu'il ne m'attrape, je lui aurai joué plus d'un tour.
- En hiver, tu n'auras rien à manger.
- Alors je jeûnerai, mère. Le curé a dit dans son prêche que c'est bien de jeûner. Je serai maigre comme le fil que l'on passe dans le chas d'une aiguille. Et pour finir je me glisserai dans l'entrebâillement de la porte du paradis !
Cela dit, Till n'était pas paresseux.

Dans son grenier, il s'exerçait à faire des tours de magie et autres acrobaties. Il fut bientôt capable de parcourir plusieurs lieues sur les mains, de nouer ses jambes derrière son cou et de répéter cent fois de suite sans se tromper : "Un chausseur sachant chausser sans chausse-pied sait aussi chausser avec chausse-pied."
Till apprit également à marcher sur une corde. Rien de tout cela ne plaisait à sa mère :
- Ce sont des amusements et non un gagne-pain !
Un jour Till tendit une corde au-dessus de la rivière, car leur maisonnette se dressait au bord de la Saale, et se mit à danser dessus. Comme il y avait beaucoup de gens qui le regardaient, sa mère monta quatre à quatre au grenier et coupa la corde.
Till tomba avec grand bruit dans l'eau et prit un bon bain. Il n'accorda pas grande importance à la chose. En revanche, comme les spectateurs ne cessaient de rire et qu'ils criaient : " Nous savions depuis longtemps que tu n'étais pas très propre ! Tu payes à présent pour ton effronterie et tes espiègleries ! N'oublie pas, tant que tu y es, de te nettoyer !"
Till se mit en colère.

4 Il se dit : "Ces imbéciles ont été étonnés de me voir marcher sur une corde. Puis quand je suis tombé dans l'eau, ils ont laissé éclater leur joie. Je vais leur apprendre à s'être moqués de moi !"
Sur la place du marché, Till annonça qu'à trois heures, le jeudi suivant, il monterait à nouveau sur sa corde et qu'il présenterait d'autres numéros.
Les gens arrivèrent à l'heure. Till gambada sur son fil, se dressa sur la tête, sauta joyeusement. Les spectateurs

applaudissaient. "Bravo ! Vas-y ! encore une fois ! Mais plus haut !" criaient-ils, espérant dans leur for intérieur qu'il tomberait une seconde fois. Quand la foule fut au comble de la joie, Till leur cria du haut de son perchoir :

- Vous voulez que je vous montre mon plus beau numéro ?
- Oui ! hurla la foule.
- Un numéro complètement inédit, unique au monde ?
- Oui ! crièrent les gens tout heureux, qui trouvaient naturel qu'on leur proposât un numéro exceptionnel.
- Mais il faut m'aider. J'ai là dans ma poche une longue ficelle. Je vais la laisser pendre tout en gardant l'autre bout à la main. Chacun d'entre vous retirera sa chaussure gauche et l'y attachera.

Les spectateurs lui obéirent, vu qu'ils attendaient un spectacle drôle et merveilleux. Till remonta la ficelle à laquelle pendaient plus de cent chaussures.

- Attention ! cria-t-il. Et voici un numéro que vous n'aviez encore jamais vu !

Il tira de grands ciseaux de sa poche et, clic clac ! clic clac ! détacha chaque chaussure, et les jeta l'une de ce côté-ci, l'autre de ce côté-là, tout en hurlant

- Youpi ! Youpi ! A vous de retrouver votre soulier !

Puis il s'assit sur sa corde et regarda les gens qui, à cloche-pied, cherchaient leur chaussure, ou une meilleure, se bagarraient, se donnaient des gifles et des coups.

5 Tous les gens du village s'étaient moqués de la baignade involontaire de Till dans la Saale, mais leurs propres déboires ne les avaient pas rendus plus intelligents. Comme ils avaient été ridiculisés, ils lui en gardèrent rancune.
A l'automne, Till se rendit sur le champ de foire. Personne ne lui adressa la parole.
Il chercha alors un endroit où réfléchir en toute quiétude.
Dans la cour d'un apiculteur, il trouva des ruches. Certaines étaient vides. Dans les autres, les abeilles se reposaient du travail de l'été. Les rayons étaient encore remplis. Plus tard, l'apiculteur vendrait la cire, des abeilles et le miel. Till se glissa dans une ruche vide, ce que n'aurait guère pu faire un homme normal, une ruche n'étant pas bien grande. Mais Till était entraîné à se rouler en boule. Il s'y endormit.
Quand il se réveilla, il faisait nuit noire. Mais qu'est-ce qui l'avait réveillé ? Deux voleurs étaient venus s'emparer d'une ruche. Till les écouta sans broncher.
- Doucement, glapit celui qui avait une voix de poulet.
- Pourquoi ? Le propriétaire est encore à la fête, gronda celui qui avait une voix d'ours.
- En tout cas, dépêchons-nous de prendre notre ruche et de déguerpir.
- Du calme. Il faut choisir la plus belle.
- C'est laquelle ?
- La plus lourde, évidemment, imbécile. Celle qui contient le plus de miel, le plus de cire, le plus d'abeilles.
Till risqua prudemment un oeil au dehors et vit les deux hommes - un petit gros et un grand maigre - soupeser les ruches pour trouver la plus lourde.
Ils arrivèrent bientôt à celle dans laquelle Till se cachait.
- C'est celle-là, haleta le grand à la voix d'ours.
- Elle est trop lourde, gémit le petit à la voix de poulet.
Ils finirent pourtant par la soulever et la charger sur une échelle. Puis ils se mirent en route, doucement pour ne pas réveiller les insectes. Le grand en tête, qui dépassait de très haut le cortège, et le petit derrière, qui trébuchait

parce qu'il ne voyait pas devant lui.
Au bout d'un moment, Till réussit à attraper les cheveux du premier et les tira.
- Eh ! imbécile. Qu'est-ce qui t'arrive ? Pourquoi est-ce que tu me tires les cheveux ? grogna la grande perche.
- Je ne peux pas te tirer les cheveux. J'ai les deux mains occupées : je porte la ruche, se lamenta le pot à tabac.
Un peu plus tard, Till arracha une touffe de cheveux à celui qui était derrière.
- Mais ce n'est pas possible ! pleurnicha ce dernier.
- Quoi ?
- Mais tu m'arraches les cheveux !
- Tu es fou !
- Menteur !
- C'est inouï !
Till écouta un moment leur querelle, puis il tira si fort les cheveux du premier que celui-ci se plia de douleur et entra dans une telle colère qu'il lâcha l'échelle et fonça sur son compagnon, lequel laissa lui aussi tomber l'échelle pour se défendre. Il s'ensuivit dans la nuit une belle bagarre sous le regard fort amusé de Till.
Le petit gros partit en courant, suivi du grand maigre.
Comme on n'entendait plus rien, Till dormit encore un peu. Puis le jour se leva. Il faisait plus chaud. Till sortit de sa ruche, s'étira et se dit : "Pourquoi retournerais-je dans mon village ?

Maintenant je suis un homme. Je m'en vais parcourir le monde et je deviendrai un fou célèbre."
Till allait réussir ce qu'il avait entrepris.

6 Till marcha droit devant lui jusqu'à ce qu'il parvienne au croisement de deux routes. "J'ai assez marché droit devant moi. Je n'ai plus envie de continuer. Ni de revenir sur mes pas. Il ne me reste donc plus qu'à aller à droite ou à gauche. On dit que le droit est à droite, mais je n'aime pas ce qui est droit. Le coeur est à gauche. Des droitiers comme des gauchers. J'irai donc à gauche."
Un coup, il revenait sur ses pas. Un coup, il bifurquait sur le côté. Un autre coup, il marchait sur les mains, et finit ainsi par arriver au pied d'un château fort. Till demanda du travail au propriétaire: un chevalier pillard. Till l'aiderait à rançonner les paysans et les marchands de la région. Till trouva que la chose manquait de folie. Le soir Till but avec le chevalier et ses compagnons. Till leur plut parce qu'il leur fit des tours de passe-passe, raconta des histoires et chanta en s'accompagnant au luth. Cette chanson par exemple, qu'il avait composée :

Chanson du chevalier pillard

Le ventre creux, pauvre d'argent,
Sans esprit, un pauvre chevalier,
Ne savait que frapper les gens,
Voler, truander et tuer.

Aux miséreux, aux faibles, il volait
Les habits, le pain et le rire.
Aux marchands, leurs marchandises,
Aux jeunes filles, leur sourire.

Il vola même la foi aux curés, aux abbés,
Et comme il n'avait plus rien à voler,
Il finit même par voler ses propres effets,
Et c'est sans culotte qu'erra le chevalier.

Quand Till eut terminé, les brigands éclatèrent de rire et hurlèrent :
- Oui, ça va bien finir par arriver !
Alors Till se dit: "Je ne suis pas né pour jouer les courtisans. Je veux être libre. Libre comme l'air." Et comme les chevaliers étaient ivres, avachis sur la table, Till décida de quitter le château. Mais au lieu de réclamer son salaire, il emporta leurs vêtements.

Il faut ajouter que, non contents d'être méchants, ces hommes étaient également vaniteux. Ils étaient vêtus à la dernière mode et portaient des couleurs beaucoup plus criardes que les autres gens. Till rassembla les habits les plus extravagants : au premier, il vola ses souliers à la poulaine, au deuxième - qui aimait beaucoup le rouge - sa paire de chausses, au troisième son pourpoint à franges, au quatrième sa ceinture verte...
Et c'est ainsi accoutré que Till quitta le château.

7 Till reprit la route en sifflotant quelque chanson. Sous les remparts de la ville de Hildesheim, il vit un homme couché dans un champ. Il avait les mains posées sur son gros ventre. Les doigts croisés, il se tournait tranquillement les pouces. Till s'arrêta près de lui et, d'une voix timide, lui dit :
- Bonjour, monsieur.
L'homme s'assit en soufflant bruyamment, le regarda, s'étonna de son étrange accoutrement et lui demanda :
- Qui es-tu ?
- Je suis un cuisinier sans emploi, répondit modestement Till en s'inclinant avec politesse.
- Un cuisinier ! Tiens ! Tiens ! Un cuisinier ! Un bon cuisinier ?
- Sans doute, monsieur. Je sais tout faire.
- Veux-tu entrer à mon service ?
- Vraiment ? Monseigneur, mon plus profond désir serait de pouvoir cuisiner pour un homme qui saurait apprécier ma valeur.
Le gros homme dit en se pourléchant les babines :
- Te voilà mon nouveau cuisinier. Je te donnerai un salaire et des vêtements convenables. Comment t'appelles-tu ?
- Je m'appelle Wrzschliwopskr Folmuschrwitschsk.
- C'est un nom bien long. Je t'appellerai Fol.
- D'accord, mon bienfaiteur.
Ils se dirigèrent alors vers la demeure du gros homme. Le chemin n'était pas long, mais ils mirent du temps. Lorsqu'enfin ils arrivèrent, l'homme lui dit :
- Fol, je m'en vais en ville inviter quelques amis à un festin.
Tu nous feras un bon rôti. Il y a de la viande à la cave. Prépares-en un gros morceau pour cinq gourmets, mais assaisonne-le de façon que mes invités en soient tout étonnés. Fais-le rôtir doucement sans trop de chaleur. Surtout ne le laisse pas brûler.
Le gros homme parti, Till se rendit à la cave. Il y avait là, pendus au plafond, d'immenses morceaux de la meilleure des viandes.
"Il me faut préparer un rôti pour cinq

gourmets, se dit Till en riant. Mais il est évident que mon maître pensait à des gourmands et non à des gourmets. Je vais prendre les cinq plus gros morceaux, un pour chaque goinfre. Et je vais les leur assaisonner à ma façon ! Ils vont en être tout étonnés ! Ah ! Il n'y a rien de plus facile !"
Till choisit son assaisonnement : de la graisse à chaussure, du sable à récurer, de la cendre, des restes de nourriture qu'il prit dans la poubelle, de la glu et d'autres saletés du même tonneau. Il mélangea le tout pour en faire un méchant assaisonnement, avec lequel il gâta la viande, non seulement en le tartinant dessus, mais encore en l'introduisant en bonne quantité à l'intérieur. Pour finir, il enfonça de grands clous dans la viande.
"Maintenant il me faut faire rôtir doucement cette viande sans trop de chaleur. Un minimum de chaleur, c'est pas de chaleur du tout. Je vais la piquer sur une longue broche, dont je poserai les extrémités sur deux tonneaux, au frais à la cave. Comme ça, je serai sûr que mon rôti ne brûlera pas."
Le soir, le gros homme et ses invités, tenaillés par la faim, entrèrent dans un rage folle. Mais Till dit :
- Maître, vous qui êtes intelligent, je ne vous comprends pas. J'ai fait tout ce que vous m'aviez demandé. Et même un peu plus. Et votre seul remerciement est de me faire des reproches !

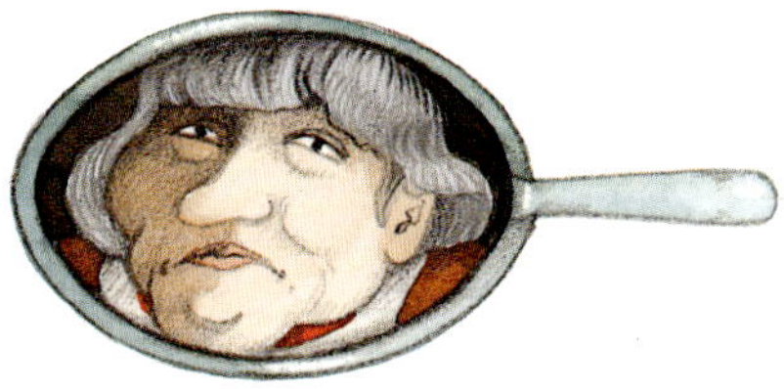

8 Le premier patron de Till s'était rendu compte qu'un seul cuisinier suffit à vous gâter la sauce, mais il était trop paresseux pour mettre son domestique à la porte. Le soir-même, il lui dit :
- Fol, dorénavant tu n'es plus mon cuisinier, mais mon cocher. Cette nuit, tu graisseras donc ma voiture, car demain monsieur le curé et moi, nous

partons de bonne heure.
Le gros homme s'imaginait évidemment que Till allait graisser les ressorts, les roues et les moyeux de la voiture, afin qu'elle roulât sans problèmes. Mais, la nuit, pendant que tout le monde dormait, Till prit la graisse et en enduisit consciencieusement la voiture tant à l'intérieur qu'à l'extérieur, et en particulier tous les sièges.
Le lendemain matin, le maître ordonna à Till d'atteler les chevaux à la voiture.
Quand Till eut exécuté cet ordre, le maître et le curé montèrent dans le véhicule, s'installèrent confortablement sur les sièges, remuant, bougeant jusqu'à ce qu'ils eussent trouvé la bonne position. Mais avant même le départ, le prêtre se mit à piailler à la vue de sa main gauche :
- Pouah ! Comment se fait-il que tout soit si gras ici ?
- Comment se fait-il que tout soit si gras ici ? répéta le maître en s'adressant à Till.
- Oh ! C'est simple, je me suis donné beaucoup de mal à graisser la voiture, comme vous me l'aviez demandé.
C'en était trop !
- Ça suffit ! cria le maître. Tu es un coquin ! Un fripon ! Un fou ! Monsieur le curé et moi-même, nous allons nous laver, puis mettre des habits propres, et nous partirons sans toi, car tu vas immédiatement vider les lieux, espèce de canaille !
Le curé et le maître allèrent donc se laver. Quant à Till, il était tout fier : "Il a dit que j'étais un fou ! Le noble seigneur de Panse-grasse s'en est rendu compte: je suis un fou ! Il ne s'est sûrement pas trompé. Maintenant je vais vider les lieux."
Ce que Till fit consciencieusement.
Tandis que ces messieurs prenaient leur bain, Till traîna les tables, les chaises et les armoires dans la rue.
Quand le maître de céans apparut tout rose et parfumé dans l'entrée et qu'il ouvrit la bouche, Till lui cria :
- Mon maître, c'est un dur travail que vous m'avez confié là. Mais j'ai fait ce que vous m'aviez demandé. Peut-être pourriez-vous m'aider. Le garde-

manger est vraiment lourd.
- Dépêche-toi de prendre la porte ! hurla le maître.
- Vous dites cela sérieusement ? Ouais, il est possible que vous ayiez raison, dit Till, qui entreprit de démonter la porte d'entrée.
- Je t'en prie, va-t-en. Je vais même te donner ton salaire et quelques beaux habits, plus sombres que les tiens.
- Oui, donnez-moi des florins ! s'écria Till. Quant à vos habits d'enterrement, vous pouvez les garder !
Voilà comment, encore jeune fou, Till gagna son premier argent.

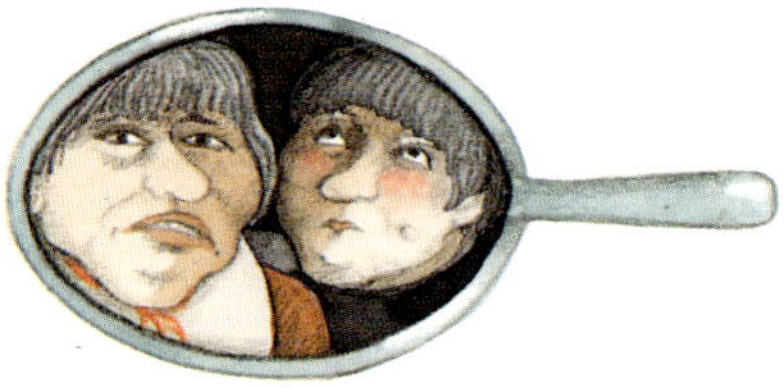

9 Avec trois florins, on ne va pas bien loin. Arrivé dans la ville voisine, il ne lui restait pas grand chose. Comme il s'écrasait le nez contre la vitrine d'un boulanger, celui-ci sortit de sa boutique et discuta avec lui.
- Tu fais quoi comme métier, toi ?
- Compagnon boulanger évidemment.
- Je manque de compagnon actuellement. Est-ce que tu voudrais entrer à mon service ?
- Volontiers, répondit Till.
Deux jours plus tard, le boulanger se rendait chez des amis et ne reviendrait que le lendemain matin.
- Tu feras les petits pains tout seul. La pâte est déjà prête.
- Je leur donnerai quelle forme ? demanda Till.
Le boulanger était pressé.
La question était bête. Le boulanger se mit en colère et lui répondit :
- Quel drôle de zèbre tu fais ! Quelle forme donner à des petits pains ? Si tu veux mon avis, donne-leur la forme d'une chouette ou d'un macaque !
Une fois seul dans le fournil, Till se mit à faire avec la pâte toutes les chouettes et tous les macaques possibles, puis les enfourna.
Le lendemain, le patron arriva et constata le désastre :

- Qu'est-ce que tu as fait ?
- Des chouettes et des macaques, comme vous me l'aviez demandé.
Le boulanger saisit Till par le col, le secoua et lui dit avec colère :
- Qu'est-ce que tu veux que je fasse de tout cela ? Paye-moi ma pâte.
- Si je vous paye la pâte, est-ce que je peux emporter la fournée?
- Disparais avec toute la ménagerie ! Qu'est-ce que tu veux que je fasse de tes chouettes et de tes macaques dans ma boutique ?
Till paya la pâte et partit au marché avec ses petits pains. C'était justement le jour de la Saint-Nicolas.
Till fit le boniment :
- Elles sont chouettes, mes chouettes ! Un cadeau pas comme les autres pour la Saint-Nicolas ! Ils sont encore tout chauds, mes chouettes et mes macaques !
Till réussit effectivement à vendre tous ses petits pains et empocha beaucoup plus d'argent que la pâte ne lui avait coûté.
Quand le boulanger apprit cela, il fut fâché de ne pas lui avoir fait payer au moins le bois et l'utilisation du four. Mais il était trop tard. Till était déjà bien loin. Quant au boulanger, il était le dindon de la farce. La dernière farce de Till avant la prochaine.

à Magdebourg

10 Till poursuivit son voyage à travers le pays. Apprenti bouffon sans maître ès bouffonnerie. Il s'exerça avec zèle à l'art de berner les gens. Bien des farces réussirent, d'autres échouèrent. En tout cas il finit peu à peu par passer pour un fou dans les villes qu'il avait traversées. Il arriva à Magdebourg, grande ville peuplée de gens qui se croyaient particulièrement intelligents et instruits. Bien sûr, ils pensaient qu'on ne pouvait pas les rouler. Ils dirent à Till:
- Essaie donc !
Till allait leur montrer à ces bourgeois, ces prétentieux, qu'il avait plus d'un tour dans son sac.
Il annonça à la ronde que non seulement il avait appris à jouer du luth et à danser sur une corde (les Magdebourgeois avaient déjà eu l'occasion de l'admirer), mais encore qu'il savait voler. Comme un oiseau. Il s'était exercé longuement et en secret et il allait leur présenter son savoir-faire. Un certain mercredi après-midi, il monterait en haut de l'hôtel de ville de Magdebourg et, s'envolant du beffroi, il tournerait trois fois au-dessus de la ville et, tel un chardonneret, viendrait gazouiller, mais beaucoup plus fort, au-dessus de leurs têtes, afin que chacun puisse l'entendre.
Naturellement la nouvelle fit l'objet de toutes les conversations. Tous les curieux, badauds et gobe-mouches de tout poil discutèrent et disputèrent.
"Till est-il capable de voler ou non ?"
C'était la grande question. Et s'il en était capable, allait-il tenir les trois tours ou s'écraser avant sur le pavé ?
Le fameux mercredi après-midi, la place de l'hôtel de ville était noire de monde. Les gens regardèrent avec curiosité Till entrer dans le bâtiment et apparaître à la fenêtre du beffroi.
Vêtu de son drôle d'habit, il s'appuya au garde-fou, agita les bras et les jambes, fit quelques assouplissements, tendit les bras, les leva, les baissa, remua la tête, se balança sur la pointe des pieds et fit pendant un bon moment mille facéties.
La foule applaudit, siffla, hurla, brailla, exulta, gémit et finit par crier en choeur :

- Till, envole-toi ! Till, envole-toi ! Till, envole-toi !...
Till tendit la paume des mains vers les gens et demanda le silence. Puis il s'écria à haute et intelligible voix :
- Mes amis ! Je vous remercie d'être venus. En tant que fou, je ne me sens pas seul. J'ai souvent pensé qu'il n'y en avait pas d'autres sur terre. Je sais maintenant que cette ville est peuplée de fous dont la folie dépasse largement la mienne. Si l'un d'entre vous m'avait dit qu'il savait voler, je ne l'aurais pas cru. Je n'aurais pas fait un pas pour aller le voir. En revanche, vous, vous êtes venus. Vous m'avez cru quand je vous ai dit que je savais voler. Mais l'homme n'est pas un oiseau, même si de temps à autre il agit avec légèreté. Et maintenant, excusez-moi, mais je m'en vais jouer la fille de l'air.
Till éclata de rire, fit la révérence, se retourna, montra son derrière aux badauds, quitta la fenêtre du beffroi et sortit précipitamment du bâtiment en empruntant une porte dérobée.
Bien des gens se fâchèrent et lui adressèrent des injures. Quelques-uns pourtant dirent en riant :
- C'est un fou, mais il a dit la vérité.

11 L'exploit de Magdebourg l'avait rendu célèbre. Il n'empêche qu'il était encore loin d'être connu partout. Entendant parler un jour d'un comte méchant et avare, il décida de lui donner une bonne leçon.
Till se fit engager comme guetteur dans le château du comte. Celui-ci avait en effet beaucoup d'ennemis. Till devait monter la garde en haut du donjon et quand l'ennemi approchait, il devait sonner du cor et avertir ainsi les habitants du château.
Evidemment les ennemis n'arrivaient pas tous les jours. Mais, dans son avarice, le comte économisait la nourriture de ceux dont il ne distinguait pas directement l'utilité. C'est pourquoi Till, qui resta trois jours dans son donjon sans rien avoir à signaler, n'eut que de l'eau et du pain, ce qui le rendit furieux. Till était incapable de s'ennuyer, car il s'entraînait à faire ses tours, imaginait de nouvelles farces, inventait des histoires et composait des chansons telles que celle-ci :

Chanson de l'avarice

Personne ne l'aime, l'avaricieux,
celui qui garde tout pour ses beaux yeux.
Mais un jour, il tombe dans la misère
et de pain ne reçoit à sa prière.

Le quatrième jour, comme Till était juste en train de chanter cette chansonnette, des gens armés arrivèrent qui attaquèrent le château, détruisirent les palissades, ouvrirent à grands coups de pied les portes des écuries et, dans leur fureur, saccagèrent tout ce

qu'ils trouvèrent. Le comte leur avait-il porté tort auparavant ? Que fit Till ? Il se tint gentiment tranquille.
Se contentant de regarder, il s'abstint de souffler dans son instrument et sourit béatement.
Il fallut que ces gens défoncent la porte du château à coups de hache, pour que le comte et ses hommes entendent le bruit. Il était grand temps qu'ils prennent leurs armes, aillent à la rencontre des envahisseurs et les repoussent.
Une bonne partie des biens du comte étaient déjà détruits.
Quand celui-ci rentra harassé du combat, il aperçut Till qui, du haut du donjon, souriait gaiement.
- Pourquoi n'as-tu pas sonné l'alerte ? lui cria le comte.
- Je ne joue jamais avant les repas ! lui répondit Till.
Le comte se mit en colère, mais comme il n'y avait pratiquement personne qui voulut travailler pour lui, il garda Till. Celui-ci conserva son emploi, mais pour le punir, on lui supprima le pain.

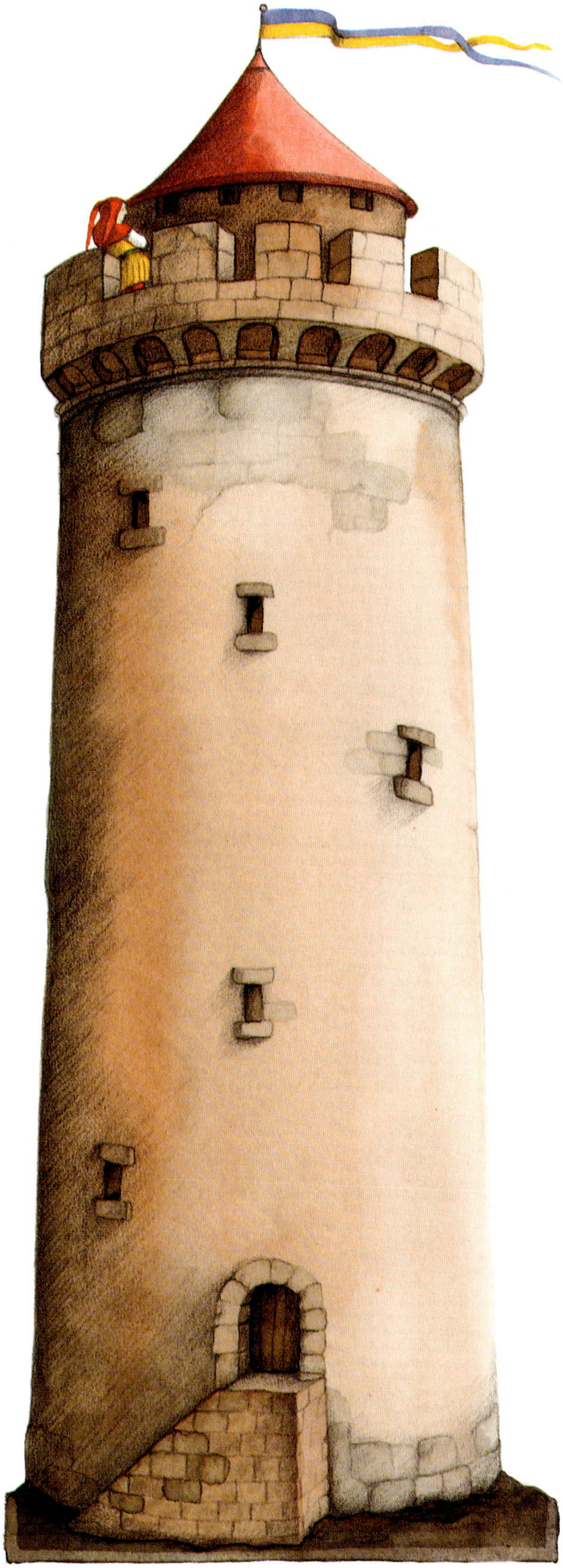

Le lendemain, juste au moment où le comte allait se mettre à table, Till sonna l'alerte et hurla :
- Ennemis en vue !
Les gens du château enfilèrent leurs armures en toute hâte, sortirent, cherchèrent les ennemis et n'en trouvèrent aucun. A leur retour, Till plongeait sa cuiller dans les plats, s'empiffrant de nourriture.
- Tu es malade ? glapit le comte.
- Au contraire, dit Till, j'ai été assez intelligent pour me procurer le nécessaire afin de ne pas tomber malade.
Malgré ces mots, le comte ne pouvait mettre Till à la porte, car il manquait de gens. Till, devenu simple soldat, dût aider à défendre le château en cas d'attaque.
Au signal du nouveau guetteur annonçant que l'ennemi était aux portes, Till était toujours le dernier à courir. Mais quand la bataille était finie, Till était toujours le premier à rentrer et il était déjà assis à la table du banquet de la victoire quand les autres en étaient encore à panser leurs écorchures et leurs blessures.
Le comte eut tôt fait de s'en rendre compte. Il demanda à Till pourquoi il était si lent au début et si rapide à la fin.
- C'est à cause de vous, monsieur le comte. Lorsque j'étais de garde en haut du donjon et que les repas étaient maigres, vous m'avez appris qu'il était bon de ne jamais trop s'éloigner des casseroles.
- Mais tu as été engagé pour combattre l'ennemi, dit le comte.
- L'ennemi ? s'étonna Till. Je n'ai pas d'ennemi. Je ne possède rien que l'on puisse me voler. Il est donc inutile d'être mon ennemi. Je ne demande à autrui pas plus que ce dont j'ai besoin pour vivre. Ce que tout le monde comprend. Et je ne prendrais non plus à personne ce dont il a besoin pour vivre. Monseigneur, si vous avez des ennemis, il ne faut vous en prendre qu'à vous. Battez-vous, et si vous m'avez suffisamment nourri pour que je sois assez fort, je fêterai votre victoire. Vous ne pouvez vraiment pas m'en demander plus...
- Ça suffit ! rugit le comte. J'en ai as-

sez de toi et de ta folle sagesse. Je n'ai pas besoin de valets comme toi ! Je te renvoie !

12 Dans la ville où il s'était ensuite rendu, des étudiants lui racontèrent qu'un professeur avait dit pendant ses cours que Till Eulenspiegel était un coquin qui ne bernait que les idiots. Un fou ne pouvait pas rouler un sage; le professeur pensait à lui-même en disant cela.
- On verra bien, dit Till. Qu'enseigne ce monsieur ?
- Il affirme par exemple que les animaux sont plus malins qu'on ne le pense. Qu'ils ne sont pas aussi intelligents que les professeurs, mais qu'on pourrait fort bien leur en apprendre autant qu'à la moyenne des étudiants.
- Ce n'est pas sot, murmura Till.
- Souvent il braille que son âne a plus de jugeote que nous.
- Ah ! bon ! Il a donc un âne, dit Till en réfléchissant.
Le lendemain, il rendit visite au professeur. Celui-ci commença par lui refuser l'entrée, mais après que Till lui eut déclaré qu'on lui avait dit que monsieur le professeur était l'homme le plus habile et le plus intelligent de toute la ville et au-delà, le professeur invita Till à prendre un verre de vin en sa demeure.
Ils s'assirent alors et bavardèrent.
Till parla avec tant d'intelligence, de clairvoyance et de retenue que plus il parlait, plus le professeur était impressionné. Le moment étant favorable, Till dit :
- Cette ville est remplie d'ânes, qui marchent sur deux jambes. Les ânes, qui vont sur quatre pattes, ne sont en

aucun cas plus bêtes qu'eux. Je sais par exemple comment l'on peut enseigner la lecture à un vrai âne. Et quand il sait lire, il ne tarde pas à être supérieur à la moyenne des étudiants.
- C'est vrai ! C'est exactement ce que je n'arrête pas de dire. Et vous, monsieur Eulenspiegel, vous qui avez tant voyagé, connaissez-vous l'art et la manière d'apprendre à lire à un âne ?
- Bien entendu. Ce n'est pas difficile. Ce que peuvent les oreilles rondes est une bagatelle pour les oreilles pointues.
- Monsieur Eulenspiegel ! Apprenez à lire à mon âne ! Vous logerez chez moi et lui donnerez des cours, même si ça doit durer vingt ans.
Till accepta et fit croire au professeur que, notamment au début, le rapport de confiance entre l'enseignant et l'élève était décisif et que donc personne ne devait assister aux premiers cours : un étranger ne pourrait que faire honte au pauvre animal livré à ses premiers essais. Le professeur trouva la chose évidente.
Till se procura un vieil abécédaire. Tous les jours il allait voir l'âne, mais il le nourrissait d'une manière tout à fait inhabituelle : il répandait de la bonne avoine entre les pages du livre. L'âne apprit très vite à les tourner pour trouver sa pitance. Et quand il ne trouvait plus rien alors qu'il avait encore faim, il les tournait encore plus vite, fourrait ses longues oreilles entre les pages et, déçu, finissait par crier, comme le font tous les ânes :
- I ! A ! I ! A !
Ce résultat obtenu, Till dit au professeur :
- Maintenant, je vous permets d'entrer dans l'écurie et de constater les premiers succès. Faites venir vos collègues et vos étudiants pour qu'ils se persuadent que vous n'avez jamais cessé d'avoir raison.
Le professeur invita tous ses collègues et un grand nombre d'étudiants. Le soir de la cérémonie, tout le monde se retrouva autour de l'âne. Till ne lui avait rien donné de toute la journée. Till entra en scène. Tenant l'abécédaire à deux mains, il s'approcha de l'animal et le lui présenta. Le baudet, à la

recherche de sa nourriture, tourna sauvagement les pages. Mais Till n'y avait rien mis. L'âne, qui continuait à feuilleter le livre, criait avec tristesse :
- I ! A ! I ! A !
- Messieurs, vous vous êtes sûrement aperçu que notre élève sait lire le I et le A. Il les cherche dans tout le livre. Quoi qu'il en soit, il va falloir du temps pour qu'il en sache plus, cet animal étant particulièrement bête. Ce n'est pas pour rien que la sagesse populaire enseigne que les animaux ressemblent toujours à leur maître et leur sont en fin de compte apparentés...
Les spectateurs éclatèrent de rire.
Quant au professeur, il s'écria :
- Tu es un infâme fripon. Ces voyelles, mon âne les a toujours sues. C'est son langage naturel.
- Vous voyez, dit Till. Vous venez de l'apprendre, n'est-ce pas ? Je savais bien que tout dépend de l'art et la manière d'enseigner les choses à un âne.
- Ce n'est pas un fou qui me donnera des leçons.
- Ah ! monsieur le professeur Je-sais-tout ! Personne n'est suffisamment sage pour ne pas profiter des leçons d'un fou !
- Espèce de fripon ! de bon à rien !
- Ne dites pas cela ! Je suis fort utile, car à quoi reconnaîtrait-on et mesurerait-on l'intelligence des êtres intelligents, si sur cette terre il n'y avait pas d'imbéciles ?
Et tandis que tout le monde se moquait du professeur et applaudissait le bouffon, Till gratta une dernière fois le grison entre les deux oreilles et s'inclina poliment avant de quitter l'écurie.

à Prague

13 Till continua à parcourir le monde et arriva à Prague. Dans cette ville il y avait une université particulièrement importante, où Till voulait aller. Il eut bien vite beaucoup d'amis parmi les étudiants. En revanche les professeurs restèrent longtemps sans le voir, vu qu'ils marchaient tout le temps dans la rue les yeux fermés, occupés qu'ils étaient à réfléchir. Mais Till réussit enfin à arrêter l'un d'eux, qui fut bien obligé de s'apercevoir de son existence. Le professeur s'étonna, car jamais au cours de sa vie fort sérieuse, il n'avait vu un homme vêtu d'habits de toutes les couleurs. Il contempla longuement Till à travers ses besicles comme s'il était en présence d'un oiseau rare.
- De quelle espèce es-tu, toi ?
- Je suis opticien, mentit Till.
- Ah ! bon ! Mais où sont tes lunettes ? Où sont tes verres et tes montures ? Où sont tes outils ?
- Il y a longtemps que je n'en ai plus besoin. Notre état est bien mal en point. On ne nous demande plus rien.
- Ah ! bon ! Je pensais qu'au contraire les opticiens se portaient bien, vu que les gens sont de plus en plus malades et voient de moins en moins clair.
- C'est vrai, cher monsieur. Mais la raison en est que les gens ne veulent pas voir. Ils ne veulent pas reconnaître leur misère. Et les souverains, les rois,

les chanceliers, les hommes politiques qui, de nos jours, sont tous myopes, refusent de porter des lunettes, parce qu'ils ne veulent pas regarder la réalité en face. Les commerçants n'en ont pas besoin, parce que seuls les gros chiffres les intéressent. Mais surtout plus personne ne veut faire travailler sa tête en lisant. Les savants eux-mêmes disent qu'ils en savent assez pour leurs besoins quotidiens. Même vos semblable n'ouvrent un livre au plus qu'une fois par mois, et ce uniquement pour saluer des mots connus sur lesquels ils s'endorment.
Les paroles de Till amusèrent le professeur.
Il l'invita à participer à une dispute savante à l'université. On aimait à l'époque ce genre de discussion. Il y eut encore plus de monde que d'habitude : on avait annoncé que Till Eulenspiegel, le célèbre fou, se mesurerait seul à trois professeurs.
Le premier pensa d'emblée le ridiculiser en lui posant un problème insoluble.
- Dis-nous, mon ami, combien de litres d'eau contiennent tous les océans de notre globe ? Et prouve-le.
- Empêchez pendant quelques instants que l'eau s'évapore et qu'il pleuve, arrêtez les canaux, les fleuves et les rivières, postez, sur toutes les plages, des gardiens qui veilleront à ce que personne ne prenne d'eau ou n'en déverse, et puisez-en un litre. Il y en aura alors un litre de moins qu'avant, répondit Till.
Les étudiants éclatèrent de rire.
Le second professeur demanda :
- Où est le centre de la terre ?
- Exactement là où je suis. Mesurez et vous verrez que j'ai raison.
Les étudiants applaudirent.
- A quelle distance se trouve le ciel ? demanda le troisième.
- A une très courte distance. De là-haut on peut entendre ce qui se dit ici. Allez-y très vite et vous verrez que c'est vrai.
Les étudiants exultèrent. Puis ils crièrent en choeur :
- Assez de bavardages ! On n'apprend pas pour l'école, mais pour vivre !
Till leva la main, les étudiants se tu-

rent et il proclama :
- Je vais vous faire cadeau de trois principes philosophiques. Premièrement, arrangez-vous pour ne jamais avoir besoin de remèdes ! Deuxièmement, souhaitez ne jamais vouloir, dans votre vie, avoir de la chance ! Troisièmement, gardez-vous d'avoir soif de boisson forte.
- Balivernes ! murmurèrent les professeurs.
Mais Till expliqua :
- Souvent les remèdes n'ont pas bon goût et sont chers. C'est quand on est malade qu'on en a besoin. Arrangez-vous pour ne pas tomber malades. De la chance, on n'en a besoin que dans le malheur. Quand quelqu'un se promène et qu'une tuile tombe du toit, si cette tuile tombe non pas sur la tête de cette personne mais sur ses pieds, on dit à cette personne qui boîte qu'elle a eu de la chance. Il aurait mieux valu que cette tuile soit restée à sa place. Cette personne n'aurait pas eu besoin d'avoir de la chance et n'aurait pas eu mal aux pieds. Il faut donc ne jamais souhaiter avoir de la chance, pour ne pas connaître la malchance. Quant à la boisson la plus forte sur terre, c'est l'eau. Elle fait tourner les moulins, elle creuse les pierres, elle emporte les maisons, elle retourne les bateaux, elle tue les gens. Gardez-vous d'avoir soif de cette boisson forte, car les jus de fruits, la bière et le vin sont meilleurs !
Les étudiants étaient enthousiasmés :
- Il a raison ! Il devrait y avoir des chaires d'enseignement pour les fous.

14 Till était désormais célèbre dans tout le pays. Les pauvres le saluaient, les riches le craignaient, les savants s'entretenaient avec lui, les princes l'invitaient. Tel le roi du Danemark, qui lui dit :
- Si tu accomplis un geste très particulier afin qu'on parle partout de moi et de ma cour, je te permettrai de garnir les sabots de ton cheval avec les meilleurs fers qui soient, et ce à mes frais.
Till réfléchit : "Voilà qui est fort radin pour un roi, mais je saurai bien tirer profit de son goût pour la gloire."
Il conduisit bientôt son cheval non pas chez un maréchal-ferrant mais chez un orfèvre.
- Recouvrez les fers de mon cheval de quatre grosses plaques d'or. Utilisez des clous en argent et envoyez la facture au roi, commanda Till.
L'orfèvre commença par hésiter. Mais Till réussit à le convaincre.
Le roi fut très étonné lorsqu'il reçut la facture. Il fit venir Till.
- Qu'est-ce que tu as fait, Till ?
- J'ai fait garnir les sabots de mon cheval avec les meilleurs fers qui soient. Connaîtriez-vous meilleur que l'or ?
- Ce n'est pas ce que j'avais voulu dire, Till. Mes propres chevaux ne trottent pas avec des fers en or. Si ton exemple faisait école, je serais bientôt le roi le plus pauvre dans le plus misérable des pays. Par ailleurs tu devais d'abord les gagner. Tu devais accomplir un geste qui me rende célèbre en tous lieux.

- J'ai fait d'une pierre deux coups, répondit Till. Dans toutes les cours on parlera de ces fers en or. Si vous les payez, on se moquera gentiment de vous. Si vous ne les payez pas, on le fera méchamment et on dira que vous n'avez pas tenu parole.
Le roi ne mit pas longtemps à réfléchir et paya la facture. Till demanda à un maréchal-ferrant de ferrer normalement son cheval, et comme il vendit son or, il eut, pendant quelque temps, suffisamment d'argent pour vivre.

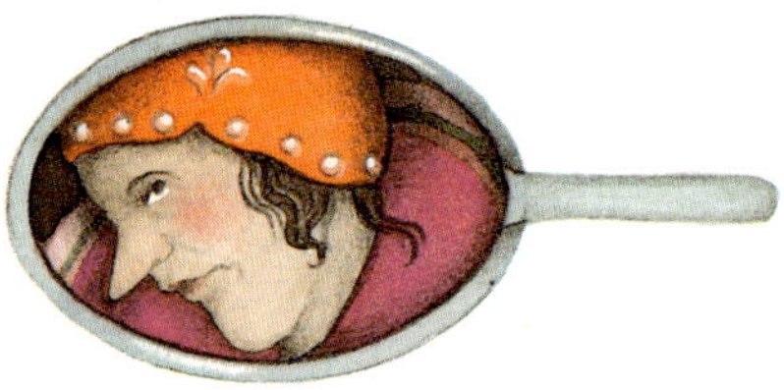

15 Till jouait ce genre de tours et d'autres pires encore à des gens prétentieux, qui ne s'en sortaient pas toujours aussi bien.
Till se fit passer auprès du duc de Lunebourg pour un grand peintre. Le duc le chargea de peindre des tableaux qui décoreraient une salle de son château. Till demanda beaucoup d'argent pour acheter des peintures et, une année durant, il mena la vie de château sans donner le moindre coup de pinceau.
Un jour, Till conduisit le duc et quelques gens de la cour dans la salle dont les murs étaient blancs et nus. Il affirma que seul pouvait voir ses tableaux celui qui avait toujours été juste et était resté à l'abri de la corruption. Au début personne ne voulut avouer qu'il ne voyait pas les magnifiques tableaux dont parlait Till. Il fallut que la petite fille d'un chancelier, âgée de trois ans, expliquât qu'elle ne voyait que des lièvres des neiges blancs au nez blanc comme neige dans la neige blanche, pour que les adultes avouent aussi qu'ils ne voyaient rien d'autre que des murs passés à la chaux - car une petite fille de trois ans avait encore si peu vécu qu'elle ne pouvait être injuste ni corrompue.
Le duc de Lunebourg fut tellement indigné qu'il fit remettre à Till une som-

mation écrite à l'encre noire sur un parchemin jaune: "Par la présente, j'interdis à Till Eulenspiegel, saltimbanque, fieffé coquin et imposteur, de remettre les pieds sur mes terres."
Cela ne plut pas à Till, car il avait des amis à Lunebourg. Un jour il eut fort envie d'aller les voir. Il acheta une charrette que son cheval tira jusqu'à la frontière de Lunebourg. Là il rencontra un paysan qui labourait son champ.
- Bonjour ! dit Till.
- Oh ! Eulenspiegel, le fou ! Où te rends-tu ainsi, mon cher Till ? A qui comptes-tu apprendre aujourd'hui que le monde devrait être autrement qu'il est ?
- J'ai simplement l'intention d'aller voir des amis à Lunebourg.
- Mais tu y es interdit de séjour, Till. Si le duc t'attrape, il te fera jeter en prison ou pendre.
- S'il pense qu'il faut me pendre pour que mes pieds ne touchent pas sa terre ! Mais c'est justement de cela que je voulais parler avec toi. A qui appartient le champ que tu es en train de labourer ?
- A moi. Je l'ai hérité.
- Alors vends-moi une pleine charretée de ton bien.
Les deux hommes conclurent le marché et remplirent la carriole de terre prélevée dans le champ du paysan Barthel (c'est ainsi qu'il s'appelait). Till

s'assit sur sa propriété et entra dans la ville. Il rendit visite à ses amis. Il passa une longue soirée et une joyeuse nuit, et le lendemain matin il reprit place dans sa voiture et dirigea son cheval vers le château du duc de Lunebourg. L'attente ne fut pas longue. Le duc faisait justement une promenade à cheval avec sa suite. Il vit Till et, rouge de colère, lui cria.

- Espèce de misérable ! Ne t'avais-je pas interdit de venir sur mes terres ? Attrapez-le ! Battez-le ! Jetez-le en prison !

- Mais pourquoi voulez-vous que l'on me fasse tout cela, juste seigneur ? Je n'ai pas désobéi à vos ordres. Je ne mettrai sûrement pas les pieds sur vos terres. Je suis arrivé les deux pieds sur la mienne. Regardez ! J'y suis encore. Cette terre, je l'ai achetée au paysan Barthel. Qui l'avait lui-même héritée de Lamprecht, son père. Ce n'est pas votre terre, monsieur le duc. Il vous faudrait me traîner hors de la mienne pour que je sois sur la vôtre. Mais ça serait contre ma volonté. Et fort injuste.

Le duc resta interloqué. Ses compagnons éclatèrent de rire et dirent que Till était dans son droit.

- Quitte ma terre avec ta terre et disparais à jamais, dit enfin le duc dans un râle.

- Je m'en vais tout en restant chez moi, s'écria Till en faisant trotter son cheval.

16 Comme tout un chacun, Till ne vivait pas de l'air du temps: libres comme l'air, les fous n'ont pas de revenus fixes. Till s'était rendu à Rome, ville près de laquelle habite le pape, et

à Rome

il n'avait plus d'argent. En Italie, Till n'était pas non plus suffisamment connu et il n'avait pas d'amis. Il avait déjà vendu son cheval. Marchant dans la rue, il arriva devant une petite auberge. Par la fenêtre, il aperçut l'aubergiste; elle avait l'air charmante. Till entra, et elle sourit en voyant ce joli client si étrangement vêtu.

- Que veux-tu ? demanda-t-elle dans sa langue.
- Manger, répondit Till en italien, car il s'était bien préparé à son voyage à Rome.
- Tu veux manger pour cher ou juste un petit quelque chose ?
- Je mangerais volontiers de très bonnes choses pour rien, car je n'ai pas d'argent.
- Mon ami, je dois payer moi aussi, quand je fais les courses. Je ne peux donc pas te donner à manger pour rien.
- Oui, jolie dame, si tu l'exiges, je te paierai pour ton repas. Nous réussirons bien à nous mettre d'accord sur le prix.

La femme éclata de rire, et comme Eulenspiegel lui plaisait, elle lui donna une grosse pizza bien garnie. Et comme ils se plurent de plus en plus, Till resta plus d'un mois chez elle. Il y mangea, il y dormit, il y vécut, et tous deux - l'aubergiste et Till - y trouvèrent leur compte.

Till s'accorda également avec la mère de l'aubergiste, femme sympathique et

pieuse, dont le plus cher désir était de parler un jour au pape.
Till voulait réaliser son souhait, vu que les deux femmes l'avaient hébergé et nourri sans lui demander d'argent.
Till attendit que le pape dise lui-même la messe. Il se rendit suffisamment tôt à l'église et choisit une place où il pourrait attirer l'attention.
Il est évident que, comme tout le monde à l'époque, Till connaissait fort bien la manière de se tenir à l'église; mais il fit tous les gestes autrement. Quand les gens s'agenouillaient, Till restait debout; quand les autres se levaient, Till montait sur son banc; quand tout le monde chantait, Till se taisait et remuait les oreilles; quand les autres se signaient, Till levait les bras au-dessus de sa tête; quand tout le monde joignait les mains pour la prière silencieuse, Till tournait le dos à l'autel...
Mais il faisait tout cela avec sérieux, comme si c'était ainsi qu'il fallait faire et qu'il avait appris, et non pas comme s'il avait voulu faire le pitre.
Le pape remarqua évidemment les gestes de cet homme à l'habit si particulier et, la messe terminée, il envoya un serviteur dire à Till qu'il voulait lui parler.
Après que Till eut, comme il convient, baisé l'anneau papal, le pape lui dit :
- Mon fils, je t'ai observé. Tu as participé à la messe d'une étrange façon. Dis-moi quelle est ta religion ?
- Votre Sainteté, ma religion est la même que celle de la mère de mon aubergiste.
Le pape fit aussi venir la mère de l'aubergiste. Till avait ainsi réussi à ce que cette aimable femme réalise son voeu le plus cher.

17 Eulenspiegel rentra en Allemagne, car il aimait encore plus sa langue maternelle que l'aubergiste romaine. Il se retrouva un jour sur un marché aux viandes. Il avait grand-faim, mais ses poches étaient vides. Il observa un boucher fort adroit qui, tant sur le poids que sur le prix, trompait une vieille femme en lui vendant un mauvais morceau.
- Le voilà celui qui va me payer mon déjeuner, se dit Till.
Il se plaça devant l'étalage, examina la marchandise et dit au boucher :
- Je cherche le meilleur rôti. Que faut-il donc que je prenne ?
- Cher monsieur, prenez donc celui-ci, lui recommanda le boucher en désignant un beau morceau de filet.
- Merci, merci beaucoup, dit Till, qui prit la viande et l'emporta.
- Arrêtez ! cria le boucher en le poursuivant. Payez-moi mon rôti!
- Il n'en est pas question. Vous m'avez dit que je pouvais le prendre. Je l'ai fait.
Les clients et les autres bouchers éclatèrent de rire et comme personne ne pouvait souffrir cet homme âpre au gain, ils donnèrent raison à Till.
Une semaine plus tard, Till revint sur ce marché. Le boucher y était qui, entre temps, avait appris qu'il avait été berné par le célèbre Till Eulenspiegel. Le commerçant voulut alors montrer qu'il était devenu plus intelligent. Il cria à Till :
- Approche et choisis un rôti !
Au moment où Eulenspiegel voulut prendre le morceau de viande, le bou-

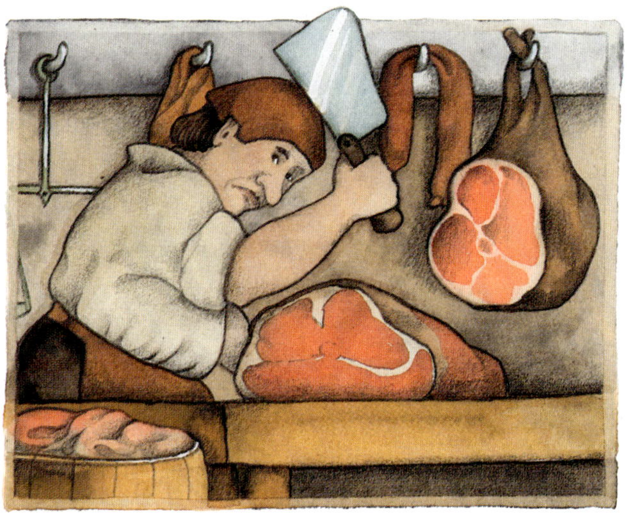

cher posa sa grosse main sur celle de Till et grogna :
- Commence d'abord par payer.
- D'accord, dit Till. Je vais te le payer, ton rôti, mais avec des mots qui te plairont.
- Et si tes mots ne me plaisent pas ?
- Alors tu garderas ta viande. Je ne l'emporterai que si tu me dis que mes mots te plaisent.

Le boucher réfléchit : "Tu peux dire tout ce que tu veux, je ne suis pas près d'avouer que tes paroles me plaisent". Puis il ajouta tout fort :
- Affaire conclue !

- Ecoute bien ces mots : Eh ! ma bourse ! Ouvre-toi et paye le rôti de la semaine dernière et aussi celui d'aujourd'hui à cet aimable boucher. Alors, ça te plaît ?
- Bien sûr que ça me plaît, dit joyeusement le boucher. Ça me plaît beaucoup !
- Donc ce rôti m'appartient, lui dit Till. L'auditoire approuva. Le boucher ouvrit de grands yeux - l'un était noir de douleur et l'autre rouge de rage - et regarda Till emporter le rôti. Et pendant des mois, il dut encore, pour son malheur, essuyer les quolibets des clients qui ne l'appelaient plus que le "Bailleur de rôtis"

18 A Berlin, des compagnons artisans parlèrent à Till d'un maître tailleur particulièrement prétentieux. "Il se considère comme un être supérieur, lui dirent-ils. Il se moque de tout le monde et s'imagine être non seulement un champion de l'aiguille mais également un champion de la plaisanterie.
Il croit que personne ne l'égale en jeux de mots, bons mots et mots d'esprit."
- J'ai trouvé mon homme, dit Till, qui alla se faire engager comme compagnon chez ce vantard.
Le bavard reconnut évidemment Eulenspiegel, mais il se dit : "Je vais me frotter à ce célèbre coquin, afin que tout le monde voie que je suis le plus fort !" Il engagea Till et le logea dans une mansarde.
Till fut fort aimable. Il fit comme s'il admirait son maître. Il ne le contredisait pas et se contentait d'attendre. Le troisième jour, l'occasion d'une première petite blague se présenta. En effet le patron lui dit :
- Termine cette robe pour la femme du maire.
- Comment faut-il la coudre ? demanda Till.
- Evidemment de façon à ce que personne ne le voie, répondit le patron.
Réponse qui voulait dire que Till devait assembler les différentes pièces de manière telle qu'on ne voie pas la couture.
Le maître parti, Till vida le grand coffre que les tailleurs appellent "l'enfer". Ils y conservent les chutes de tissu de toutes tailles qui leur restent après la confection d'une robe ou d'un habit, mais que le client a payées. Till répandit donc dans l'atelier toutes ces étoffes acquises à bon compte et désormais étalées aux yeux de tout le monde. Il s'installa dans le coffre devenu vide, referma le couvercle sur lui et se mit à coudre la robe de la femme du maire.
Quand le maître rentra chez lui, il faillit avoir un coup de sang. "Pourvu que personne n'ait vu ces étoffes !" se dit-il.
- Till ! Où es-tu ? hurla-t-il.
- En enfer !

- Mais que diable fais-tu là-dedans ?
- Je couds !
- Et pourquoi t'es-tu mis dans le coffre ?
- C'est pour que personne ne me voie !
- Sors de là immédiatement !
Till souleva le couvercle et apparut, tenant son ouvrage à deux mains.
Le maître l'apercevant lui dit en bégayant :
- Maimais c'est terriible ! Tutu as coucousu les pièèces...
Il reprit son souffle :
- Tu as cousu les pièces à gros points irréguliers !
- En enfer, il fait noir. Je n'y voyais pas bien.
Le maître courut à travers l'atelier, ramassa les coupons qu'il avait escroqués en se lamentant :
- Que faire ? Que faire ?
- Courir dans l'atelier comme un lapin et ramasser les coupons, lui répondit Till tout doucement.
Le tailleur pensa : "Il vaudrait mieux que je fasse attention à ce que je dis. Il ne faut pas que ça se reproduise."

Trois jours s'écoulèrent sans autre incident.
Till était sage, et le vantard se remettait de son aventure.
Le soir du troisième jour, il dit à Till :
- Je suis invité à une fête au village voisin. Comme ça durera longtemps, j'y resterai la nuit et ne rentrerai donc que demain matin.
A propos, l'habit de l'apothicaire, tu pourras en lancer les manches.
Quand tu auras fini, tu iras te reposer.
- Voilà qui sera fait, dit gaiement Till.
Le maître une fois parti, Till prit l'habit de l'apothicaire, suspendu à un portemanteau près de la porte, et entreprit de lancer les manches.
Quand ils les avait lancées, il allait les ramasser et recommençait.
A la tombée de la nuit, il rassembla toutes les bougies qu'il put trouver dans la maison, en alluma plusieurs et poursuivit son lancer. Quand une bougie s'éteignait, il en allumait une autre et continuait à lancer, lancer les manches de l'habit de l'apothicaire.
(Sûrement que Till s'est parfois arrêté, car il n'était pas bête.)

Le lendemain matin, quand le maître rentra, il vit Till poursuivant sans relâche son lancer.
Il n'y avait plus de bougies, tout juste des petits tas de cire épais d'un centimètre au fond des soucoupes et des tasses, dont Till s'était servi comme chandeliers.
- Mais qu'est-ce que tu es encore en train de faire, espèce de vaurien ! de fainéant !
- Ne soyez pas injuste, maître si habile en paroles. J'ai fait ce que vous m'aviez dit de faire. Si ce n'est pas bien, c'est de la faute des mots que vous aviez prononcés. Personne ne peut vraiment me reprocher d'être paresseux. Sans jamais m'arrêter, j'ai essayé, comme vous me l'aviez demandé, de lancer les manches de l'habit de l'apothicaire. Je ne vois pas bien à quoi ça servait, mais je l'ai fait. Cela dit, je suis particulièrement vexé que vous me traitiez de fainéant, alors que j'ai travaillé toute la nuit.
- Il fallait commencer les manches et les monter.
- Vous m'aviez dit de les lancer.
- C'est l'expression pour dire que l'on commence quelque chose ! Et pourquoi as-tu brûlé toutes les bougies ? Ça coûte si cher !
- Parce que vous m'aviez blâmé le jour où vous m'aviez donné l'ordre de travailler dans le noir....
- Till, tu me coûtes trop cher.
Je te mets à la porte. Dépêche-toi de monter dans ta mansarde et de t'enfuir.
Till monta dans sa chambre, démonta quelques tuiles du toit, accrocha une poulie à la cheminée, prit une corde et, à l'aide de cet instrument, entreprit de s'enfuir.
Il passa par le trou qu'il avait pratiqué, descendit en rappel le long du mur, se dirigea vers la porte d'entrée de la maison, peignit sur le mur une chouette tenant un miroir et écrivit en dessous la phrase latine, "hic fuit", qui signifie: il a été ici.
Le maître sortit, regarda le dessin et cria en direction de Till :
- Les mains d'un fou souillent tables et murs !
- Le dessin tracé par de vraies mains

Hic fuit

de fou protège un peu de la bêtise et de la vanité ! lança Till en riant par-dessus son épaule.

19 Till avait tout juste travaillé une semaine comme compagnon tailleur, et ce sans grande réussite, mais il pensait avec raison qu'"il y a des gens qui, avec une pratique moindre, enseignent aux autres."

Till fit savoir à la ronde que, pendant qu'il avait travaillé comme tailleur, il avait fait une découverte qui était d'une grande importance pour tous les tireurs d'aiguille. Il en ferait part à tous les maîtres tailleurs au cours d'un séminaire, moyennant une légère rétribution.

Il leur fallait venir tous à une date et un endroit donnés, pour qu'il leur enseigne son art. Un art qui leur servirait, à eux et à leurs enfants, de toute éternité, c'est-à-dire tant que le monde existerait.

Et tous, tous les maîtres tailleurs arrivèrent, versèrent leur petite contribution et demandèrent à Till Eulenspiegel de donner ses leçons.

Celui-ci se présenta devant l'assemblée et dit :

- Honorables membres de la confrérie des tailleurs ! Déjà Adam et Eve eurent besoin à un certain moment de vêtements. Ils étaient fabriqués avec des feuilles, de grandes feuilles vertes, ajustées l'une à l'autre n'importe comment, sans chic et sans habileté.

Plus tard les hommes se vêtirent de la peau des bêtes qu'ils avaient abattues...

Till continua ainsi pendant trois heures son bla-bla-bla sur la confection.

- ... Aujourd'hui nous savons que le

vêtement pare les hommes et les femmes. L'habit fait le moine. Les tailleurs constituent sur cette terre la corporation la plus importante. Le tailleur fait le moine. Mais de quoi un tailleur a-t-il besoin ? Il a besoin d'une table sur laquelle il peut s'asseoir.
Cette table doit avoir au moins quatre pieds, un à chaque coin, afin qu'elle ne branle ni même ne bascule.
Le tailleur a besoin de lumière pour voir où il pique. Un mètre-ruban est chose importante, il doit être suffisamment long pour pouvoir mesurer même le ventre le plus gros.
Le tailleur doit avoir des ciseaux et un dé à coudre, auxquels il faut ajouter du fil et une aiguille...
Till ennuya encore son auditoire pendant trois autres heures avec la description d'objets dont les personnes présentes connaissaient bien mieux l'usage que Till lui-même.
Puis il dit :
- Nous nous approchons de plus en plus, mes chers amis, de la révélation fondamentale que je voulais vous faire. Lorsque vous avez coupé le fil avec les ciseaux ou les dents, ou que vous l'avez cassé, à la bonne longueur, d'une main sereine vous en passez une extrémité dans le chas, qui se trouve dans la partie opposée à la pointe de l'aiguille. Lorsque vous y êtes arrivés, il vous est enfin possible de commencer la véritable opération que constitue la couture, mais je vous dit : Stop ! Ne cousez pas encore !
Nous arrivons à l'ultime phase de mes révélations, l'utile découverte que j'ai faite. Donc...
Till s'arrêta.
Son silence était lourd de sens.
Les quelques tailleurs qui ne dormaient pas encore secouèrent leurs voisins.
- Ça vient ! leur chuchotèrent-ils.
L'auditoire dressa l'oreille.
Till proclama :
- Donc, mes amis, avant de commencer à coudre, il faut que vous fassiez un noeud à un bout du fil, de façon que ce dernier ne puisse s'échapper du chas. Autrement vous risqueriez de piquer pour rien. Je remercie maintenant toutes les personnes présentes

de l'attention qu'elles m'ont accordée. Je vous souhaite un bon retour dans vos foyers et par ailleurs que le tour que je viens de vous enseigner vous soit utile.
Till fit la révérence.
Un instant, les tailleurs restèrent interloqués. Puis un hurlement de colère monta dans la salle.
Des tailleurs crièrent :
- C'est une escroquerie !
- Quelle idiotie !
- Avoir fait tout ce chemin pour entendre ça !
- Il y a longtemps que nous savons tout cela !
- Il y a des milliers d'années que les tailleurs font un noeud au bout de leur fil !
Mais Till hurla plus fort qu'eux :
- Silence ! Vous dites donc que, depuis plus de mille ans, les tailleurs connaissent ce tour de force important qui consiste à faire un noeud pour empêcher le fil de s'échapper ? Ah ! si vous saviez combien de vérités se seraient perdues en mille ans s'il n'y avait pas eu de temps à autre des sages pour les rappeler. Remerciez-moi d'avoir préservé de l'oubli cet important secret ! Oui, remerciez-moi !

20 En ce temps-là les gens portaient des manteaux de fourrure parce qu'il n'existait pas de matière plus chaude. Un hiver, la mode fut aux pelisses en peau de loup. Till était triste pour les loups que l'on tuait, mais aussi pour les ours, les lapins et les chiens, les chats et les taupes, et même les souris, bien qu'à l'époque personne n'eût à craindre la disparition d'une espèce animale: les armes et les méthodes de chasse n'étaient pas aussi perfectionnées qu'aujourd'hui.
Till était en colère chaque fois qu'il voyait un gros bonhomme ou quelque fainéante se promener vêtus de la dépouille d'un loup fort et courageux.

Mais il se contentait de quelques remarques mordantes. En revanche ce qui le mettait vraiment en colère, c'était de voir que des artisans affairistes contrefaisaient des peaux de loup. Des traqueurs de chiens les fournissaient en peaux de toutou qu'ils teignaient, frisaient et vendaient pour du loup.
Apprenant qu'un certain fourreur agissait ainsi, Till décida de lui donner une bonne leçon.
On pourrait penser que plus personne n'emploierait un homme de cet acabit. Or on manquait de main-d'oeuvre. Ce fourreur avait justement besoin d'un compagnon: il y avait tout à coup tellement de gens qui lui commandaient des manteaux de loup - qui n'en étaient pas - à bas prix.
Till se rendit au marché. Il demanda au fourreur s'il avait du travail et lui dit qu'il travaillerait pour un demi-salaire, qu'il ne mangeait pas beaucoup et qu'il se contenterait pour dormir d'une chambre sans chauffage. Le fourreur lui répondit :
- Je veux bien essayer de te prendre, Till. Tu peux te mettre tout de suite au travail, car il me faut, pour la semaine prochaine, avoir terminé quatre manteaux. Je dois encore faire quelques courses, mais tu peux déjà me précéder. Ma demeure est au bout de la rue de l'église. Quand tu verras des fenêtres vertes, tu entreras !
Till savait où était sa maison. Il marcha droit devant lui et au lieu de passer par la porte, il entra par la fenêtre. Dinguedingue !

Son nouveau patron se mit évidemment en colère et lui cria :
- J'en diminuerai d'autant ton salaire.
- Tu m'avais dit d'entrer quand je verrais des fenêtres vertes, se lamenta Till.
Mais le fourreur était tellement heureux d'avoir trouvé une aide qu'il le garda. Till resta et se dit : "J'aurai bien encore quelque occasion de lui faire perdre ses illusions, à cet escroc, avant qu'il ait le plaisir de me voir partir."
L'attente n'allait pas être longue. Le soir-même, son patron étant fatigué, il lui dit qu'il allait se coucher pour pouvoir reprendre son travail de bonne heure le lendemain. Il lui jeta encore quelques peaux de chien et, avant de disparaître, ordonna :
- Transforme-moi ça en loup !
Till se mit à l'ouvrage. Il coupa les peaux, les cousit pour en faire deux grosses outres, les bourra de restes de fourrure, coupa les pieds de deux chaises, posa les outres dessus, arracha les yeux de verre d'une belle poupée et les monta sur l'une des formes qu'il venait de fabriquer. Pour l'autre, il prit une tasse, dont la couleur lui convenait. Il la cassa pour récupérer deux morceaux de porcelaine...
Till poursuivit son travail, se donnant la peine d'abîmer toutes les fourrures, détruisant encore celle-ci ou celle-là. Quant aux outres, c'était deux épouvantables mannequins gris qui ressemblaient à s'y méprendre à des loups. Il installa soigneusement ses oeuvres près de la cheminée de façon qu'on puisse bien les voir quand on franchirait le seuil de la porte. Il les contempla un moment et, satisfait de lui-même, il alla enfin se coucher.
Au petit jour, la servante se leva pour préparer le petit déjeuner. Elle passa devant la porte ouverte de la grande pièce, jeta un coup d'oeil à moitié endormi à l'intérieur et cria d'une voix perçante :
- Des loups ! Des loups sont entrés dans le salon ! Au secours ! Mon maître ! Des loups !
Le patron arriva en chemise de nuit, armé d'une grande pique, franchit le seuil de la porte, se précipita sur les

loups, leur porta de multiples coups, les renversa et se rendit compte alors que Till s'était payé sa tête.
- Till ! hurla-t-il.
- Ne dirait-on pas des vrais ? N'ai-je pas parfaitement réalisé ce que vous m'aviez demandé ? N'allez-vous pas tripler mon salaire à partir d'aujourd'hui ? s'écria joyeusement Till.
Le patron le menaça de sa pique. Proche de l'apoplexie, il lui dit :
- Sors d'ici ! Sors d'ici ! Je vais porter plainte contre toi !
- Allez-y, mon maître ! répliqua Till en riant, tandis qu'il peignait son emblème sur la porte de la maison. Allez-y ! L'ingratitude est mon salaire habituel. Si vous portez plainte contre moi, les juges constateront que vous êtes l'auteur de bien des miracles, puisque d'un chien vous faites un loup !

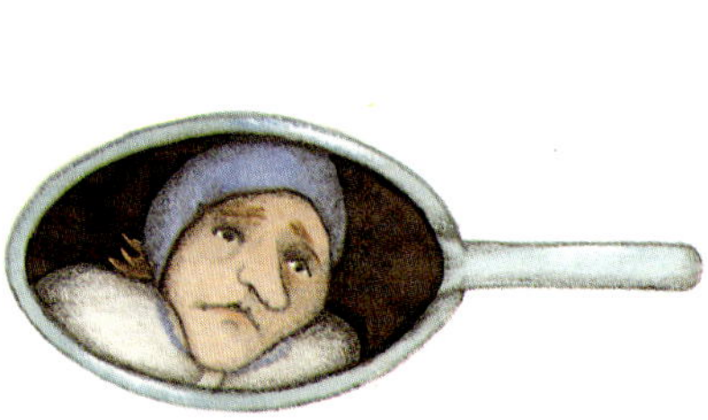

21 Till poursuivait avec sincérité le travail qu'il avait lui-même choisi, et à vrai dire il en était très heureux. Mais en vieillissant, il arriva qu'il se dise : "Je ne suis pas bon à grand-chose. Quelques hommes apprennent parfois, grâce à moi, à penser de travers. En revanche la plupart l'oublient bien vite. Et quand je mourrai, on racontera des histoires drôles me concernant, mais on ne dira pas pourquoi j'ai joué toutes ces farces. Il me faudrait un successeur, de nombreux successeurs. Mais je n'ai aucune envie de prendre un apprenti. La folie, c'est inné."
A l'époque où il n'arrêtait pas de penser à cela, Till vivait dans une ville dont les habitants l'ennuyaient passablement. Il composa une chanson à leur intention :

Chanson pour de braves bourgeois

Ah! comme ces gens sont gentils !
Chacun trotte comme un mouton
Derrière un autre mouton.
Quand l'un d'eux se jette à la mer,
Le bourgeois est toujours derrière,
Derrière, derrière, derrière,
Et lui aussi se jette à la mer...

Till alla chanter sa chanson sur le marché devant ces gens, qui applaudirent en riant. Il se rendit alors à la rivière et se mit à pleurer. Il ne pleura pas longtemps. Il trouva un sac et, marchant le long de l'eau, il ramassa des cailloux et en remplit sa besace qu'il traîna jusqu'à l'hôtel de ville. Puis il l'ouvrit, monta et redescendit la rue, et sema ses cailloux tantôt à gauche, tantôt à droite, à la manière d'un paysan qui ensemence son champ.
- Qu'est-ce que tu es encore en train de faire comme sottise ? lui demandèrent les gens.
- Je sème des coquins, répondit Till.
- Comme s'il n'y en avait pas assez par ici, dirent les gens en riant.
- Vous confondez avec des fous. En effet, des fous, il y en a suffisamment. Mais pour sortir de chez eux, ils se déguisent en artisans, en marchands, en servantes, en ménagères, en mendiants, en porchers...
- D'accord, d'accord! dirent les gens. Mais alors pourquoi ne sèmes-tu pas des êtres raisonnables ?
- Ça ne pousse pas par ici, répondit Till.

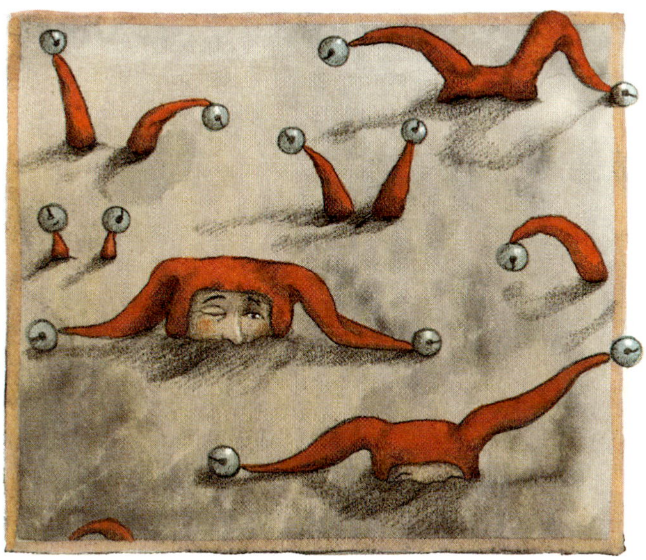

Quelques-uns comprirent que Till les traitait de vrais fous, ceux qui ont perdu la raison. Ils portèrent plainte et le tribunal ordonna à Till d'aller ramasser ses graines de coquins et de quitter la ville. Till obéit au jugement.

Quelques bourgeois qui passaient par là se moquèrent de lui.
- Les imbéciles ont peur de la sagesse que leur enseignent les fous, leur cria Till. Ils ont vraiment peur qu'une pierre en germant donne naissance à un coquin. S'il en était ainsi, il faudrait qu'ils se débarrassent de la pierre qu'ils ont à la place du coeur. Mais quand ils pensent, ils ne pensent pas jusqu'au bout, les fous !

22 Arrivé à la cinquantaine, Till se rendit à Mölln, où il tomba gravement malade, tellement malade que sa mère fit le voyage pour venir le voir. Till n'avait pas cessé de rendre visite à sa mère, mais comme il évitait tout scandale quand il était avec elle, elle n'apparaît que rarement dans toutes ses histoires. En particulier quand Till avait de l'argent, il lui en donnait.

à Mölln

Quand il n'en avait pas, il acceptait parfois qu'elle le gâte.
Sa mère était donc assise au chevet du malade et sanglotait, car elle sentait que Till allait bientôt mourir. Till trouva cela dur. Il dit :
- La mort est suffisamment pénible. Tu ne vas pas me gâcher ce moment avec tes larmes.
- Ne parle pas comme ça. Dis-moi un mot gentil, un dernier mot doux.
Till pensa au miel :
- Ma chère maman. Je pense au miel : c'est un mot doux. Et maintenant, je te prie de rentrer chez toi, de traire la vache et de donner à manger aux poules, car il ne faut pas qu'elles aient à souffrir de ma maladie.
Mais emporte le grand sac que j'ai rangé dans l'armoire en chêne à ton intention. Ne l'ouvre que quand tu seras installée à ta table. Il est lourd, mais il t'aidera à supporter plus facilement l'existence. Et maintenant va. Adieu, ma chère maman.
La mère de Till obéit. Elle traîna avec elle le sac, dans lequel son fils, sachant qu'il n'en aurait plus besoin, avait rassemblé tout son argent et tous les objets précieux qu'il possédait.
Cela dit, les gens de Mölln ignoraient que Till s'était débarrassé de son trésor. Ils pensaient qu'il était riche. Till eut fréquemment de la visite, et nombre de ceux qui venaient le voir espéraient être ses héritiers.
Un jour il vit venir un prêtre, qui le pressa de se confesser avant sa mort.
- Je ne dirai à personne quels pêchés tu as commis, dit le prêtre.
- Pourquoi faudrait-il que personne ne le sache ? En beaucoup d'endroits les gens savent ce que j'ai fait dans ma vie. Je me confesserai en public dimanche prochain, à trois heures de l'après-midi, de la fenêtre de ma chambre. Annonce-le à Mölln et bien au-delà.
Le dimanche, les gens se pressèrent devant la maison de Till.
Celui-ci regarda par la fenêtre et tint le discours suivant :
- Je vois une foule d'imbéciles, mais ne vois qu'un seul être intelligent. Je vois une foule de menteurs, mais ne vois qu'un seul être honnête. Je vois une

foule de gens injustes, mais ne vois qu'un seul juste. Chacun se demande s'il est normal ou s'il compte parmi les trois exceptions. Vous êtes venus entendre la confession d'un fou, afin de

ne pas avoir à réfléchir sur vos propres péchés. Je vous confesse que je ne regrette rien de ce que j'ai fait. Je ne regrette que ce que je n'ai pas fait. Je regrette de ne pas avoir parfois ouvert la bouche quand quelqu'un racontait n'importe quoi ou même mentait. Je regrette de ne pas avoir marqué d'une couleur indélébile tous les gens injustes, de façon à ce que chacun les reconnaisse. Je regrette de ne pas avoir jeté des ordures sur tous ceux qui font des manières. Et maintenant, après que je me suis confessé et que j'ai exprimé mes regrets, je vais vous donner la bénédiction d'un fou. Et si elle touche quelqu'un à qui elle n'est pas destinée, je le prie d'avance de me pardonner.
Till renversa alors quelques seaux d'eau sale, qu'il avait préparés près de sa fenêtre, sur les gens qui, à cause du nombre, ne purent l'éviter ni lui échapper.
Till avait espéré que dorénavant on le laisserait tranquille. Mais trop de gens escomptaient obtenir encore une part de la fortune qu'ils lui supposaient.

Chacun affirmait qu'il avait toujours été le seul vrai et authentique ami de Till et qu'il le resterait éternellement.
- Je sais, répondait Till. Je sais. Mes amis se pressent autour de moi comme en été les guêpes autour d'une tartine de confiture.
Ses visiteurs souhaitaient avant tout qu'il fasse son testament. Till sortit alors deux fois de chez lui. Une première fois l'après-midi : il se procura un énorme coffre muni de ferrures et d'une solide serrure. Et trois bonnes clefs.
Puis une seconde fois la nuit en cachette, où il alla ramasser des pierres et en remplit le coffre. Il le referma, puis il rédigea un testament qu'il lut le lendemain à ses visiteurs :
- Dans ce coffre se trouve tout mon bien, amassé avec peine. Je voudrais qu'après ma mort, cette fortune soit partagée équitablement en trois parts. Une part est destinée au conseil municipal de Mölln, la deuxième à l'église de cette ville et la troisième à mes amis qui se sont tellement occupés de moi pendant ma maladie et dont j'ai rassemblé les noms sur cette longue liste. Je donne à présent une des clefs à monsieur le maire pour le conseil, une deuxième à monsieur le curé pour l'église et une troisième à monsieur l'apothicaire pour mes amis. Tous les trois, vous vous retrouverez ici trois semaines après ma mort, pour ouvrir ensemble le coffre et partager mon trésor avec équité et sans dispute.

23 Till ne mourut que quelques jours après la lecture de son testament. Un grand nombre de gens assistèrent à son enterrement. Beaucoup avec une sincère tristesse. D'autres parce qu'ils voulaient être sûrs que le coquin était bien mort et enterré. Quelques-uns enfin parce qu'ils ne se doutaient pas encore de ce qui allait leur arriver. On porta solennellement le cercueil jusqu'à la tombe. Des musiciens jouèrent de la musique. Des femmes pleurèrent. Des enfants avaient apporté leur jouet préféré. Quand le cortège funèbre s'arrêta, le cercueil fut posé sur des cordes: une sous la tête, l'autre sous les pieds de Till. On les souleva, le cercueil se balança au-dessus du trou. Le cercueil devait être descendu doucement, mais soudain la corde du bas se rompit. Boum ! Till tomba d'un seul coup. Till et son cercueil se retrouvèrent debout. Les gens commencèrent par prendre peur. Puis l'un d'eux dit :

- Nous devrions le laisser comme ça. De son vivant, cet homme était un original. Il veut l'être aussi dans la mort.

- Et s'il reste debout dans sa tombe, il ne pourra qu'en sortir plus vite si on a besoin de lui, dit un autre.

L'assistance se prit à rire doucement puis plus fort : sûrement que Till aurait été heureux de voir que l'on riait à son enterrement.

En revanche, trois semaines plus tard, certains habitants de Mölln perdirent l'envie de rire quand ils ouvrirent le coffre et se rendirent compte qu'une dernière fois, Till les avait bernés. Chacun soupçonna les deux autres. Le curé dit que le maire avait ouvert le coffre en cachette et avait remplacé le trésor par des pierres. Le maire accusa l'apothicaire. L'apothicaire mit les faits sur le compte du curé. Leur colère grandit de plus en plus, et ils se bagarrèrent pendant plusieurs jours jusqu'à ce qu'ils constatent qu'en rédigeant son testament Till leur avait encore donné une bonne leçon.

Mais avec le temps les gens de Mölln lui pardonnèrent les bons tours qu'il leur avait joués. On posa sur sa tombe une pierre que l'on peut encore voir

aujourd'hui. Une gravure représente Till avec sa chouette et son miroir, et l'on peut lire en dessous :

Vous qui passez par ici
Réfléchissez à ce que j'ai été
Sur cette terre et faites comme j'ai fait.